MW01047817

ISBN: 978-1-950792-80-1

Portada: Breedstock, 2024
            www.pixabay.com
Diagramación: Linnette Cubano García

EDP University of Puerto Rico, Inc.
Ave. Ponce de León 560
Hato Rey, P.R.
PO Box 192303
San Juan, P.R. 00919-2303

www.edpuniversity.edu
www.editorialedpuniversity.com

 Editorial EDP

Yolanda Arroyo Pizarro

El enfermero de Loíza

A mi hermano Víctor
y a mi sobrino Shaquille,
a quienes admiro y amo.

1

Shaquile camina por el piso del hospital, mientras cuenta las losetas y memoriza las dosis de medicamentos que repartirá. A veces tararea una canción de Bad Bunny y de vez en cuando, se menean sus caderas. Entra al cuarto 229 y atiende a Ramonita, la abuela de su vecino. La habitación está llena de una atmósfera serena, con el suave murmullo de los monitores médicos como fondo. Nadie puede sospechar que dos horas antes, Ramonita gritaba de dolor. Tampoco nadie sospecharía que Shaquile, recién graduado y acostumbrado a estas situaciones, derramó lágrimas en silencio.

Disimuló. Tuvo que actuar con la fortaleza con la que atiende a otros pacientes.

Con su uniforme azul impecable y sus ojos compasivos, Shaquile se esfuerza por hacer todo lo posible para asegurar que la paciente esté cómoda y bien cuidada. Acomoda las almohadas bajo el rostro durmiente. Verifica el suero intravenoso y pulsa varios botones de la máquina cardiovascular. La piel negra de Shaquile contrasta con el púrpura de la tela de su camisa. Su cabello afro, con sus rizos perfectamente formados, enmarca el rostro con elegancia. Es un digno loiceño.

Mientras hace sus tareas, sus ojos se encuentran con la imagen de la abuela del vecino, acostada en la cama, rodeada por una tenue luz que se filtra por las cortinas. La habitación está impregnada de un aroma limpio y reconfortante, mezclado con el suave murmullo de los equipos médicos que monitorean su estado.

Dos horas atrás Ramonita tuvo una crisis pulmonar. Es asmática de toda la vida. Su pecho comenzó a subir y bajar, su boca se abrió como la de un pez sin agua. Intentó buscar aire y se desesperó. Lógico, llevaba casi un mes con un ataque de asma que se negaba a marcharse. El asma da casi por todo: alergias, mascotas, sarpullido, polvos del Sahara, humo de fogatas, picadas de abeja, risas y carcajadas, que un perro te muerda, el llanto desconsolado, que un marido te abandone, que haya pandemia. En fin, el asma es de respetarse.

La abuela del vecino es una mujer de cabellos plateados y arrugas que cuentan historias de vida, yace casi tranquila en la cama. Casi. Su respiración es suave y constante, como el vaivén de las olas en un mar en calma, pero sus manos tiemblan de vez en cuando, quizás por el ataque asmático que sufre o por los medicamentos que alteran su pulso. Aunque sus ojos están cerrados, una cuasi serenidad palpable se refleja en su rostro, como si estuviera envuelta en un sueño intranquilo.

Shaquile se acerca con pasos silenciosos, consciente de la fragilidad del momento. Observa detenidamente el rostro de Ramonita, notando los detalles que la hacen única: las rugosidades que muestran el paso del tiempo, los rizos refulgentes que enmarcan su frente, ojos, mejillas, y sus manos delicadas que descansan sobre las sábanas. El enfermero la conoce de toda la vida. Cuando él nació, ella y los vecinos fueron a verlo a su casa en Medianía Alta. Cuando él entró al kínder, ella le regaló una cartuchera con lápices y crayones para que Shaquile dibujara el Ancón, que es su lugar favorito. El de ambos. Cuando él se graduó de octavo grado, Ramonita le tomó fotos frente a la Plaza de Recreo Pública Ricardo Sanjurjo, con una cámara Polaroid que las imprimía instantáneamente. Aquella vez cuando Shaquile se vistió de vejigante para participar de las Fiestas de Santiago

Apóstol, Ramonita pidió prestado el teléfono celular de uno de sus nietos, que comparte la misma edad que él, y hasta grabó videos de Shaquile bailando.

Un sentimiento de conexión y compasión se apodera de Shaquile mientras se acerca aún más a la cama. Sus ojos reflejan una mezcla de respeto y ternura mientras observa a la abuela Ramonita, reconociendo la importancia de su papel como cuidador en ese momento crucial de la vida de una persona. Máxime que el cuidado es a esa persona en específico, alguien que lo ha cuidado a él por tantos lustros. Alguien que, sin haber nacido en su núcleo familiar, se había dedicado a convertirse en familia inmediata. Ramonita había asistido a su graduación del Bachillerato en Ciencias de Enfermería junto al resto de familiares. Lo había celebrado, aplaudido durante el desfile, vitoreado y silbado. Le había regalado un sobre con dineros ahorrados sacrificadamente por los pasado años.

En ese instante, Shaquile se encuentra en silencio con la abuela del vecino, que es también su abuela, su hermana, su tía, su madre. Comparte un momento de quietud y conexión humana en medio del ajetreo del hospital. La calma luego de la tormenta. Sabe que, a partir de ese momento, se dedicará con todo su ser a brindar cuidado amoroso y atención compasiva a este ser. Ramonita lo merece.

2

Le malade imaginaire dice la portada del libro sobre la mesa del comedor. Un Shaquile de 10 años intenta pronunciarlo sin éxito.

—¿Qué idioma es ese? — pregunta.

—Francés. Lo escribió Molière, un escritor de Francia que nació en París en el siglo 15. —Ramonita contesta.

—¿Y qué significa?

—Quiere decir *El hipocondríaco*.

—¿El qué?

—Un hipocondríaco es una persona que imagina sus enfermedades.

—¡Wow! El que se imagina sus enfermedades, ¿eso se puede hacer?

—La mente es muy poderosa, Shaquile. Se puede imaginar todo lo que quieras.

Shaquile cierra los ojos y su mente se transporta a ese recuerdo vívido. Se ve a sí mismo en la sala de la casa de la abuela del vecino, rodeado por la calidez y la familiaridad del hogar. La abuela está sentada en su sillón favorito, rodeada de fotografías que cuentan la historia de su vida. La luz del sol se filtra a través de las cortinas, iluminando suavemente la habitación y resaltando los tonos cálidos de los muebles. Shaquile recuerda esa sensación acogedora del lugar, los aromas familiares que flotan en el aire y la sensación reconfortante de pertenencia. El verano en que cumplió catorce años, exclamó risueño frente a Ramonita una vez:

—Me engañaste todo este tiempo. En la escuela discutieron a Molière y pasé una vergüenza. Ese libro no se llama *El hipocondríaco*.

—Claro que sí.

—Claro que no. El libro se titula *El enfermo imaginario*.

—Pues es lo mismo.

—Para nada es lo mismo.

La abuela, con su sonrisa tierna, extiende sus brazos en un gesto de bienvenida. Sus ojos reflejan la sabiduría y la experiencia acumulada a lo largo de los años. Shaquile se siente atraído por su presencia, por la forma en que irradia calma y amor. Empiezan a pelar un mangó cada uno risueños.

—Pero gracias a ti, abuela, fui el único en clase que se sabía esta frase: "La peur est le pire des médecins.".

—Oye, que bien pronuncias el francés, mi niño. Tantos años de práctica y todo lo que te quejaste. El miedo es el peor de los médicos.

—Recuerdo tus clases.

—Pero las odiabas.

—Me convenció aquella vez que dijiste: "Shaquile es un nombre en francés". Me reí tanto.

Se sienta junto a la abuela, compartiendo historias y risas. Observa cómo sus manos tejen con destreza mientras comparte sabiduría y consejos. La abuela habla con una voz suave pero llena de fuerza, contando anécdotas que hacen eco en el corazón de Shaquile. Aprendió a tejer de joven. Ahora realiza una técnica de tejido que le permite escribir frases en francés o español:

"Todas las enfermedades del cuerpo provienen de la mente." —Argan
("Toutes les maladies du corps viennent de l'esprit." —Argan)
"No hay nada más temible que un ignorante que cura." —Béline
("Il n'y a rien de plus redoutable qu'un ignorant qui guérit." —Béline)

"El verdadero remedio contra las enfermedades es la felicidad." —Cléante
("Le vrai remède contre les maladies, c'est la joie." —Cléante)

En ese momento, Shaquile se da cuenta de la conexión especial que tiene con la abuela. Aprecia su capacidad de transmitir conocimientos y amor a la vez. Sabe que su papel como enfermero es más que solo brindar cuidados médicos, gracias a ella. Gracias a estar presente y honrar la historia y la humanidad de cada individuo que atiende. El recuerdo de aquel encuentro en la casa de la abuela del vecino se queda grabado en su corazón.

3

Oxigenación en 85%. No es buena, pero pudiera ser peor. Shaquile regresa al presente, a la habitación del hospital donde se encuentra la abuela. Sabe que su presencia y cuidado pueden marcar la diferencia en su bienestar. Saca de su bolsillo el libro que lleva leyendo por los pasados meses, *La Felicidad* de Katherine Mansfield. Incluye un cuento sobre la historia de una enfermera que cuida de un soldado herido en un hospital de guerra. A medida que pasa el tiempo, la enfermera y el soldado desarrollan un vínculo especial y se confían mutuamente sus pensamientos y emociones. El cuento aborda temas de compasión, empatía y la importancia del cuidado en tiempos de conflicto.

El libro no es en francés, ni tampoco está escrito en el idioma original, inglés. Es una traducción al español muy buena.

"Gracias, abuela Ramonita, por inspirarme a leer", piensa. Deja el libro sobre una mesita modesta y saluda al terapista respiratorio que acaba de entrar.

—¿Es tu mamá? —pregunta su colega.

—Casi. —contesta Shaquile, antes de que la despierten, le pongan la terapia de albuterol y el corticosteroide.

Ramonita abre los ojos y sonríe. Se deja atender y cuidar. Al finalizar le colocan el canutillo de oxígeno. Ella le toma la mano a Shaquile.

—Ya vete a tus otras labores, que te van a despedir de este hospital.

—No pueden despedir al empleado del año.

—Cierto, no pueden.

Ambos ríen.

—Gracias por el libro nuevo. He leído varios de Mansfield, pero este no lo recuerdo.

—Creo que lo disfrutarás.

—¿Conoces *La salud de los enfermos* de Julio Cortázar?

—Creo haberlo leído para una clase.

—Si lo consigues, tráemelo. Soñé con uno de los personajes.

—Lo buscaré.

Se despiden. Mientras Shaquile se aleja, Ramonita lo bendice.

4

Se equivocó. No había leído ese cuento de Cortázar publicado en 1966.

Miró su App de comprar libros pero vio que no estaba disponible ese título. Llamó a un amigo bibliotecario y le preguntó por él. No le quedaban copias.

Hizo un repaso mental de sus lecturas favoritas: *Un médico rural* de Franz Kafka; *La enfermera* de Emilia Pardo Bazán; *La enferma o la encamada* de Patricia Highsmith; *La última visita del Caballero Enfermo* de Giovanni Papini; *El tirano enfermo* de Dino Buzzati; *La enfermedad de Jefe Solitario* de Jack London y *El enfermo imaginario* de Molière. Hacía tiempo había identificado que sus lecturas favoritas eran esas en las que se veía a él mismo como personaje. Y para que ese efecto "avatar" funcionara, al parecer su subconsciente favorecía textos que tenían que ver con la medicina, las ciencias, la somatización, los remedios y los padecimientos.

Sus diálogos predilectos los memorizaba. En el caso de Molière, Ramonita había tenido la grandiosa idea de que ambos se los aprendieran en francés. Así pues, pasaban tardes enteras practicando:

"La felicidad y la risa son el mejor remedio para todo" era un parlamento del personaje Toinette. Entonces Shaquile abría la boca y decía:

—"Le bonheur et le rire sont le meilleur remède à tout."

A lo que Ramonita respondía:

—"L'amour est le meilleur remède contre toute maladie."

Aquello lo declaraba el personaje Cléante y quería decir: "El amor es el mejor remedio para cualquier enfermedad."

—"La vraie médecine est dans la joie et le rire." —exclamaba Shaquile. Y la abuela del vecino traducía lo dicho por la protagonista Angélique: "La verdadera medicina está en la alegría y en la risa".

5

Durante el paso de los años, cualquier tarde o fin de semana, intercambiaron ideas sobre Kafka, London u otro autor. Hasta el día en que Shaquile tuvo un desamor con una joven estudiante de Leyes, y la pena lo invadió. La muchacha lo había acusado de que él era un poco machista y rompió la relación. Entonces se dio cuenta que el texto de Highsmith le hablaba.

—¿Cómo me puedo identificar con las palabras de Patricia Highsmith? —preguntó indignado a Ramonita.

—Shaquile, no te desanimes. Todos podemos aprender de nuestros errores.

—Pero he sido celoso. Y el problema ha sido no saber manejar los celos. Uno puede amar y celar a la otra persona, pero no faltarle el respeto.

—Creo que esa situación tiene remedio, si en efecto ha habido aprendizaje de tu parte.

—Ojalá tenga remedio, pero recuerdo el libro *Little Tales of Misoginy* y me da la impresión de que soy un simple personaje. Me siento arrepentido.

Arrepentimiento. Ese sentimiento puede concebirse casi como una bola de fuego en el pecho. Casi como experimentar un ataque de asma. Después de reflexionar profundamente sobre sus acciones pasadas, se siente abrumado. Comprende que su comportamiento perpetúa estereotipos dañinos y contribuyen a la desigualdad. Pero del dicho al hecho es largo el tramo, aunque se tenga la mejor de las intenciones.

En efecto, pasaron los meses y gracias a la persistencia de Shaquile, y a una promesa de mejorar su conducta, la novia regresó. Algo así no puede ser únicamente un sentimiento pasajero, sino un impulso genuino para transformarse.

Desde entonces, él y la abuela se tomaban muy en serio la representación de personajes en literatura y en su propia vida. Por eso ahora que Ramonita le indicaba que había soñado con un personaje de Cortázar él quería buscar el libro y regalárselo.

6

La feria de libros al aire libre se despliega en un vibrante escenario, donde se alzan coloridos puestos y carpas con toldos que exhiben una amplia oferta. El lugar está animado por el bullicio de los visitantes que exploran ansiosos las diversas opciones literarias.

Shaquile camina entre los pasillos repletos. Se siente atraído por los títulos y las portadas llamativas que parecen susurrarle historias prometedoras. El sonido del papel al pasar las páginas y la fragancia de las hojas impresas llenan el aire. A medida que se adentra en la feria, sus ojos se posan en un puesto modesto en un rincón, donde un anciano atiende con pasión a los curiosos visitantes. En un instante, el enfermero se siente atraído hacia ese rincón aparentemente insignificante.

Entre los libros alineados, uno en particular captura su atención. La tapa envejecida y desgastada revela su antigüedad. Sin titubear, el enfermero toma el libro entre sus manos y comienza a hojearlo con reverencia. Las palabras escritas en cada página cobran vida, como si fueran un portal hacia mundos desconocidos y emociones sin explotar. Es el libro de Julio Cortázar que contiene el cuento "Todos los fuegos, el fuego". En la portada se puede observar una fogata, o al menos cinco lenguas de fuego naranja.

Con cada línea que lee, el enfermero se sumerge más profundamente en la historia y se conecta con los personajes y sus vivencias. El cuento se convierte en un tesoro, una joya literaria que encierra la sabiduría y el encanto de épocas pasadas. Se da cuenta de que ha encontrado un libro valioso, no solo por su contenido, sino también por el significado personal que adquiere para él. Es una ventana a la evasión, a la inspiración y a la posibilidad de transformación.

En ese instante, el ruido de la feria se desvanece y el enfermero se sumerge en un mundo propio, donde las ideas fluyen libremente. Con el libro en sus manos, se siente lleno de gratitud y emoción, consciente del poder que la literatura tiene para enriquecer su vida y su profesión de cuidar a los demás.

Así, el enfermero de Loíza deja la feria de libros al aire libre, con el tesoro literario en su posesión, sabiendo que esa obra se convertirá en un compañero fiel para la abuela, y en un recordatorio constante de la magia de la literatura.

Ramonita, que ha mejorado, lo recibe con la sonrisa más amplia del universo. Le darán de alta en las próximas 48 horas, según expresado por el médico. Pero en lo que llega ese momento, leerá. Leerá

aquel regalo maravilloso de las manos
de Shaquile.

Yolanda Arroyo Pizarro es la escritora puertorriqueña que más adora la novela *El Principito.* Tiene una colección de 259 ejemplares en varios tamaños e idiomas como japonés, griego, turco, italiano, nahualt y braille. Sus historias están habitadas por los astros, los planetas y asteroides, como un claro homenaje a este texto que tanto significado tiene para ella. La autora es madre de una preciosa hija de nombre Aurora, en quien se ha inspirado para escribir poemas, cuentos cortos y novelas. El blog virtual de la autora en internet se titula *Boreales*, y ha sido provocado por las hermosas luces boreales y australes que se pueden ver desde el Polo Norte y el Polo Sur, también en claro homenaje a su unigénita.

Sus escritos promueven maravillosas lecciones que denuncian la justicia social y la igualdad entre todos los seres humanos. También visibilizan apasionados enfoques sobre la discusión de la afroidentidad y la derogación del racismo. Es Directora del Departamento de Estudios Afropuertorriqueños, proyecto performático de Escritura Creativa que responde a la convocatoria promulgada por la UNESCO de celebrar el Decenio Internacional de los Afrodescendientes. Dirige la Cátedra de Mujeres Negras Ancestrales con sede en EDP University en San Juan, Puerto Rico y ha sido invitada por la ONU al Programa "Remembering Slavery" para hablar de mujeres, esclavitud y creatividad en 2015, y presentar el Proyecto de la Cátedra en Harvard University en 2017.

Esta activista a la que le encanta escribir sobre las lanchas de su pueblo natal, Cataño, ha ganado los siguientes galardones: Premio Nacional del Instituto de Literatura Puertorriqueña en 2008, Premio Nacional de Cuento PEN Club de Puerto Rico en 2013, y Premio del Instituto de Cultura Puertorriqueña en 2012 y 2015. Fue elegida como una de las escritoras más importantes de América Latina en 2007 durante la iniciativa Bogotá 39 y ha sido elegida Escritora del Año en Puerto Rico en 2016.

Ha publicado los libros infantiles y juveniles: *Pelo bueno* (Editorial EDP University, 2018), *El cuento de Papapedia* (Editorial EDP University, 2018), *Los juguetes de Caleb* (Editorial EDP University, 2019), *Thiago y la aventura del huracán* (Editorial EDP University, 2018), *Las Reyas Magas* (Editorial EDP University, 2017) *Negrita linda como yo: versos dedicados a la vida de la Maestra Celestina Cordero* (Cátedra de Mujeres Ancestrales, 2017) *Oscarita: la niña que quiere ser como Oscar López Rivera* (Cátedra de Mujeres Ancestrales, 2016) *María Calabó* (Cátedra de Mujeres Ancestrales, 2016) *Las caras lindas* (Editorial EDP University, 2016) *Capitán Cataño y las trenzas mágicas* (Editorial EDP University, 2015) *Thiago y la aventura de los túneles de San Germán* (Editorial EDP University, 2015) *Mis dos mamás me miman* (Editorial Boreales, 2011) *La linda señora tortuga* (Ediciones Santillana, 2017). A Yolanda le fascina leer, escribir, bailar y cantar desafinadamente. Durante su adolescencia dibujaba y pintaba, y le encantaría volver a conectarse con ese arte. Es fanática de la Torre Eiffel, los juegos de dominó y el chocolate oscuro.

Ha diseñado las campañas #SalasdeLecturaAntiracista y #EnnegreceTuProntuario.

Ha sido galardonada con el premio Letras Boricuas 2022 Mellon Foundation Fellowship y se convirtió en Poetry Performer de Whitney Museum of New York en diciembre de 2022. Es premiada del 2023 Residency Fellowship de la entidad Words Without Borders. En 2022 se convirtió en la primera autora boricua en publicar para Plaza Sésamo, el proyecto *¡Listos, a jugar! Storybook*. Su obra se ha traducido al alemán, francés, italiano, inglés, portugués, húngaro y kreyol.

Made in the USA
Middletown, DE
17 October 2024

62675392R00026